27143

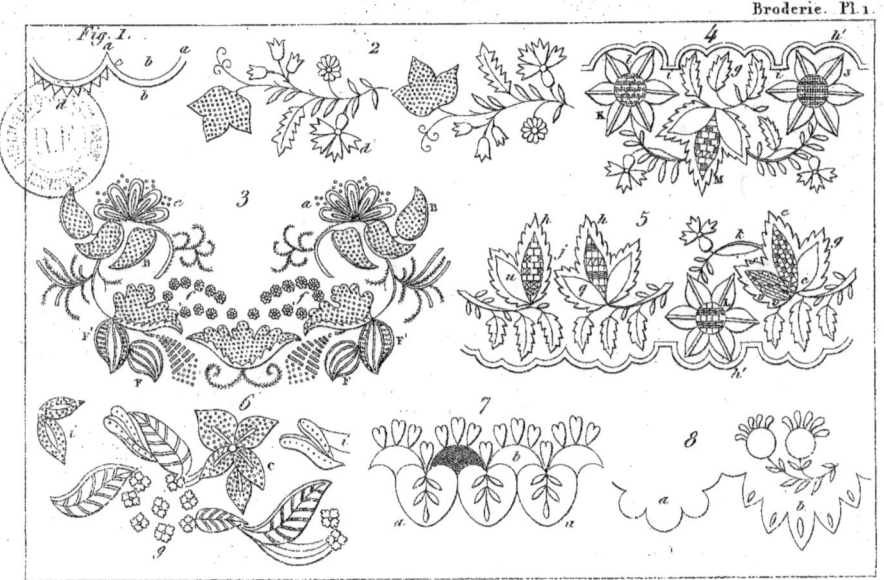

Imp. Roret, r. Hautefeuille 12.

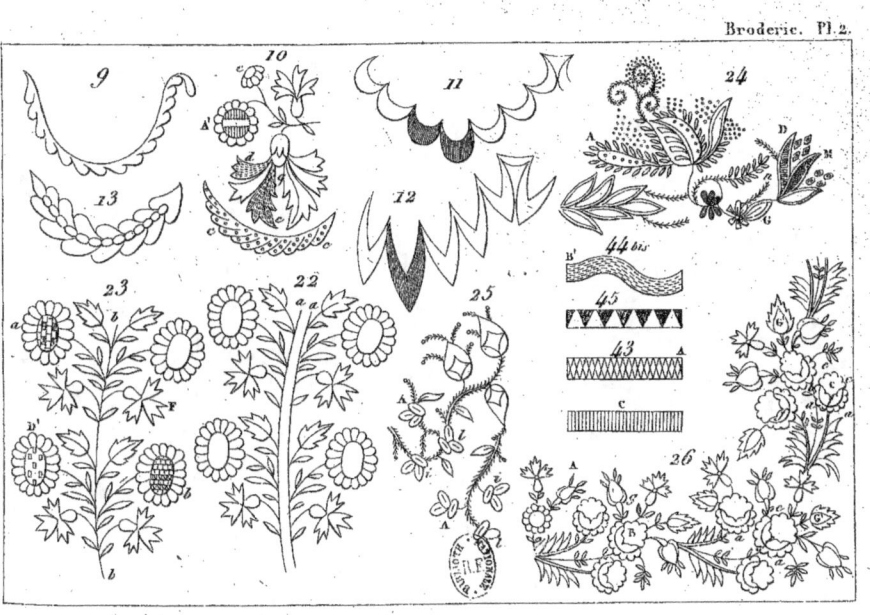

31

27

30

28

32

29

259

258

260

261

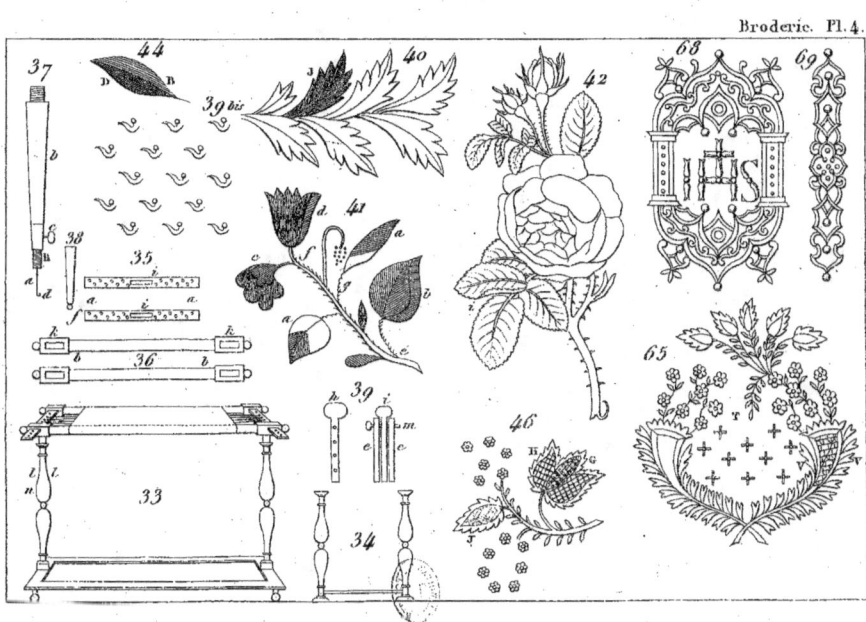

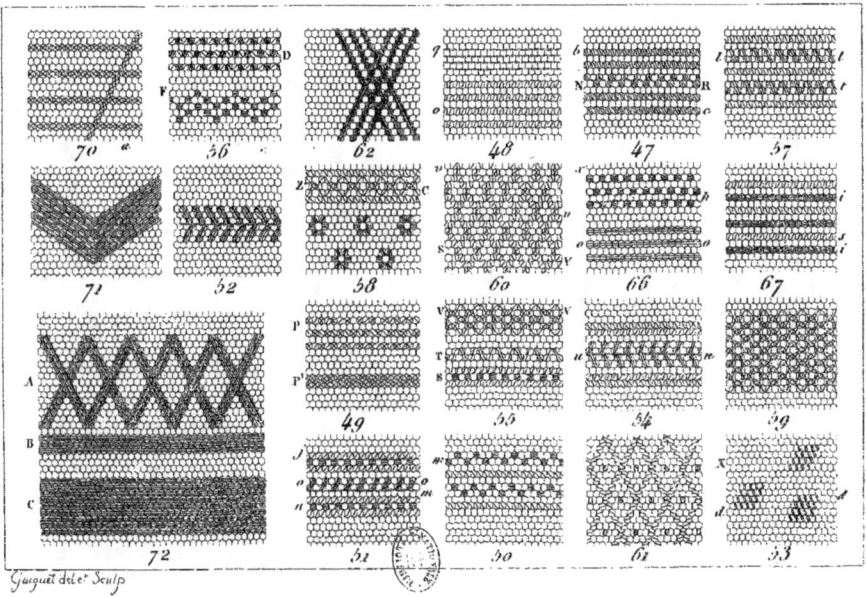

Guiguet del.t Sculp

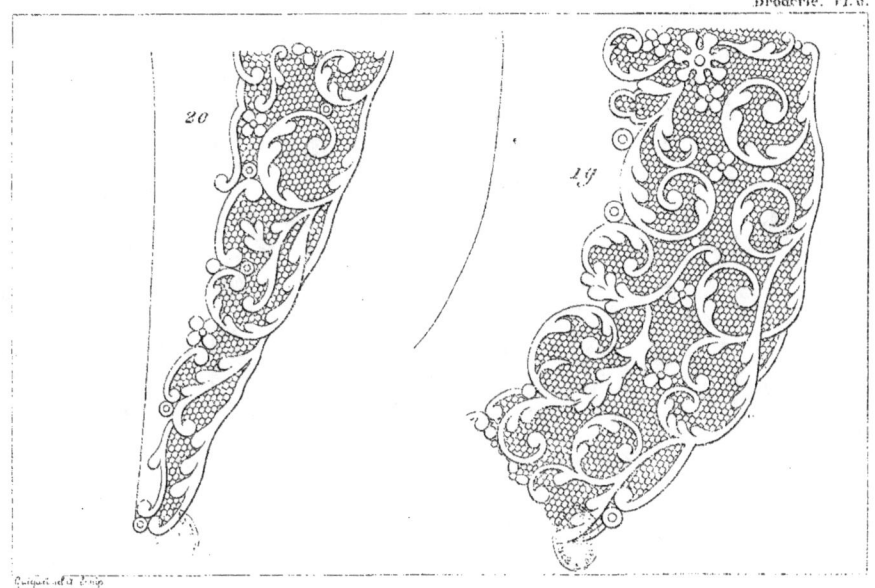

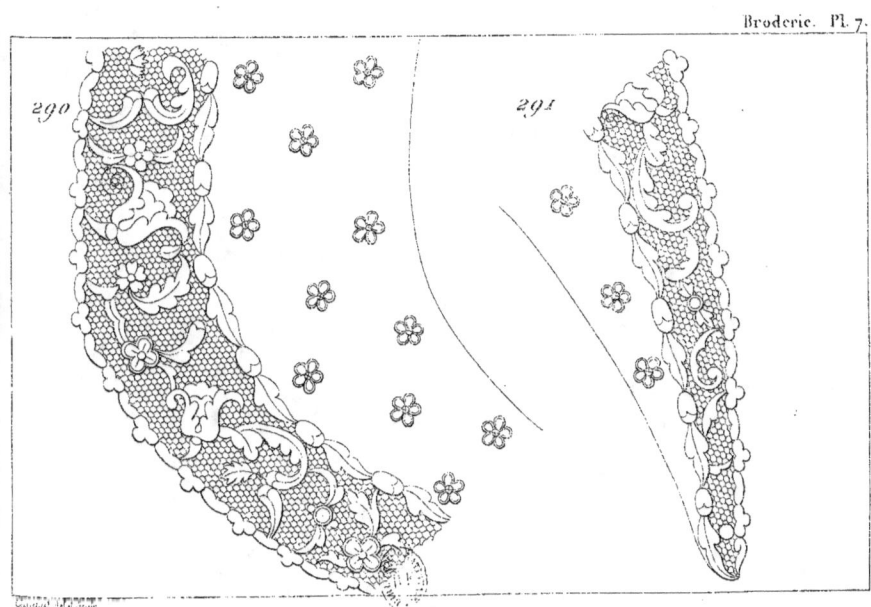

290

291

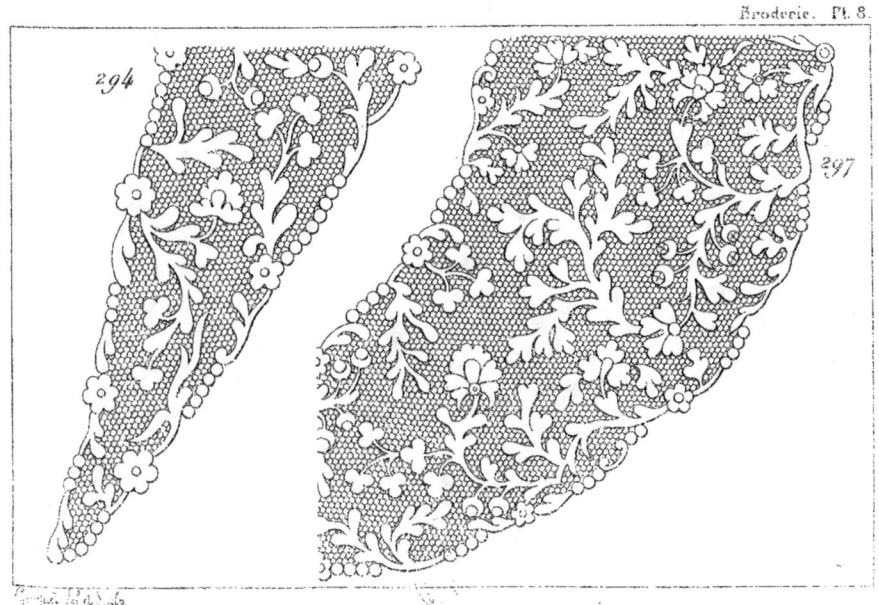

294

297

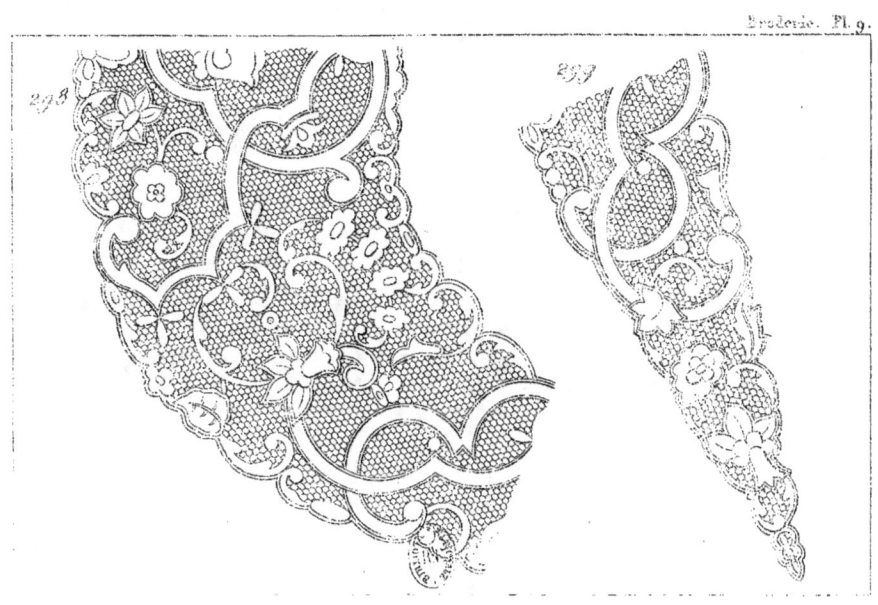

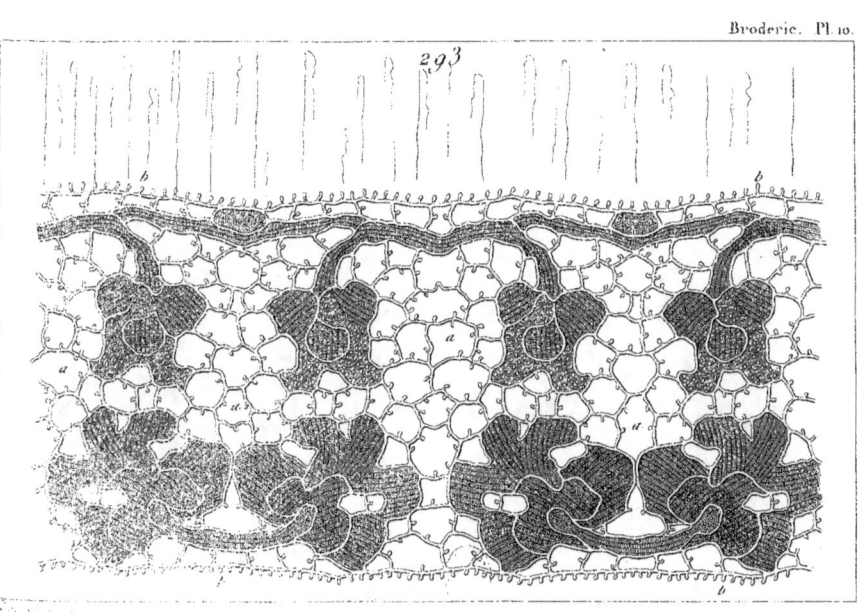

293

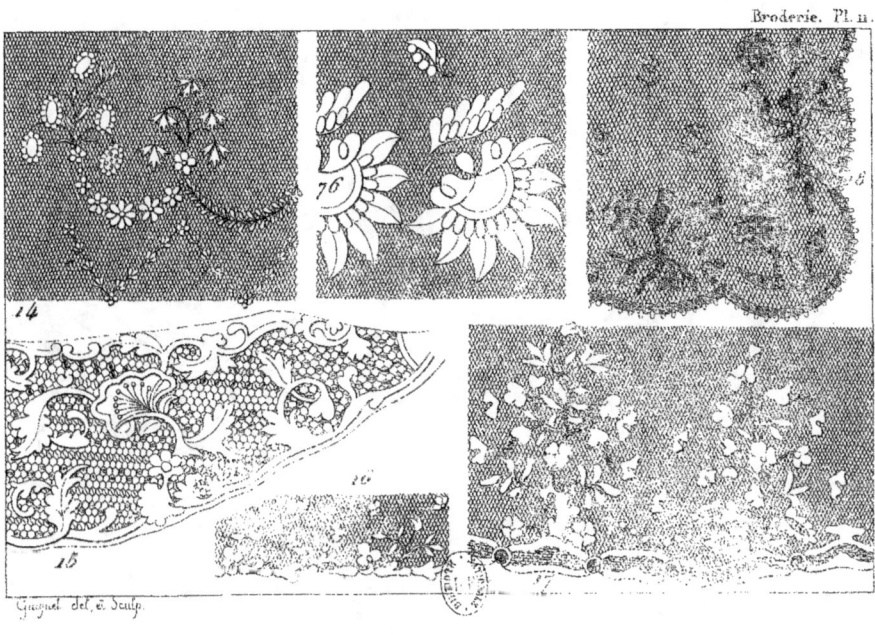

Guignet del. et Sculp.

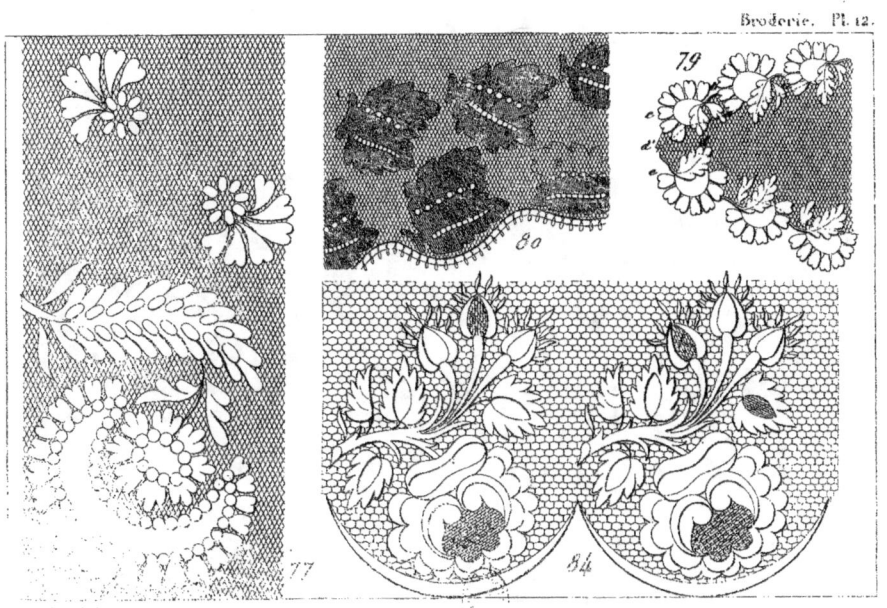

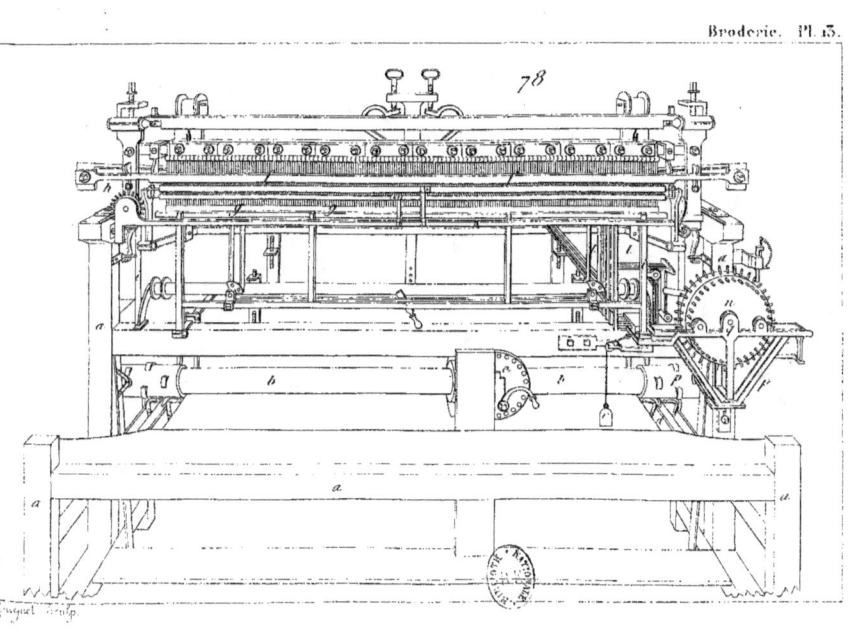

78

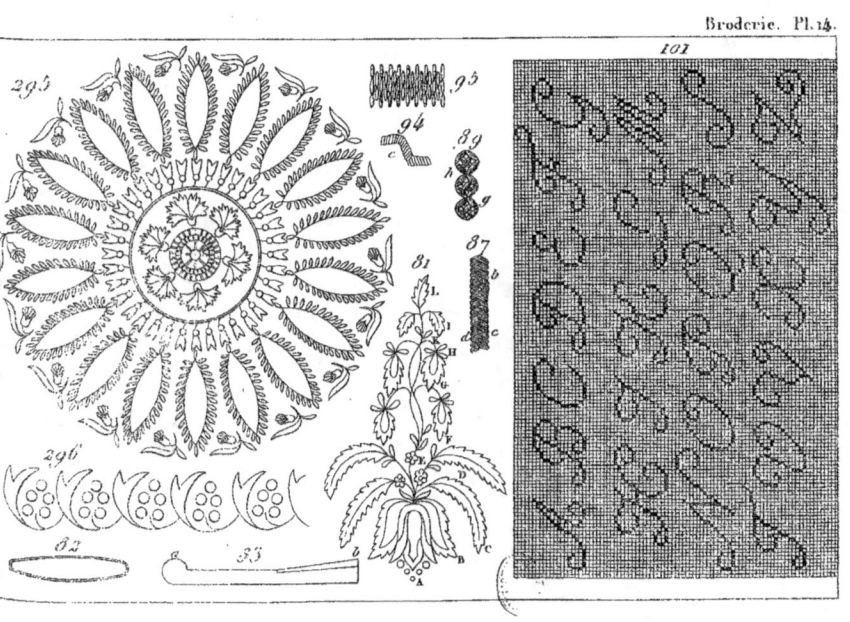

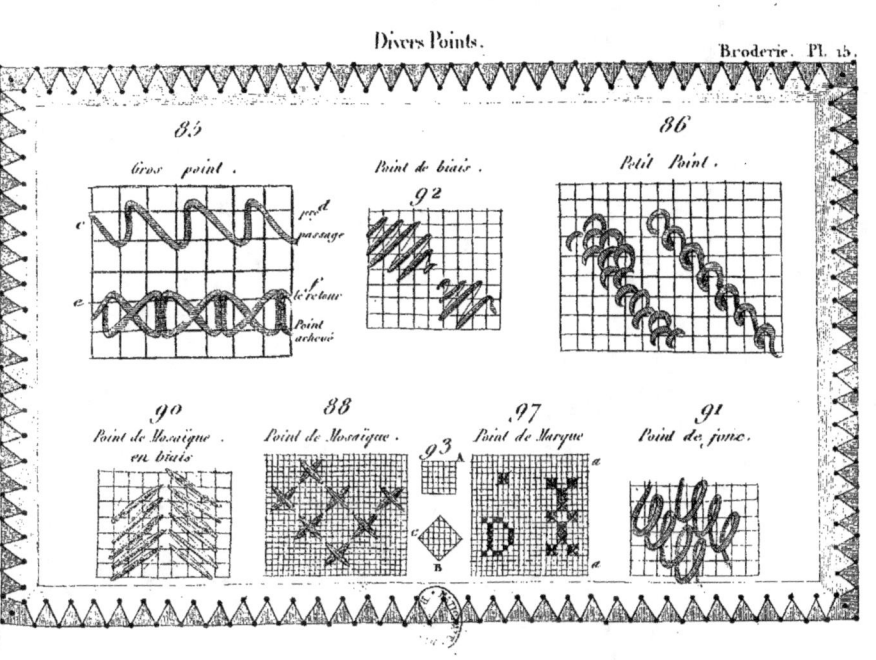

85

Gros point.

86

Petit Point.

Point de biais.

92

prest passage

le retour

Point achevé

90

Point de Mosaïque
en biais

88

Point de Mosaïque.

93

97

Point de Marque.

91

Point de jonc.

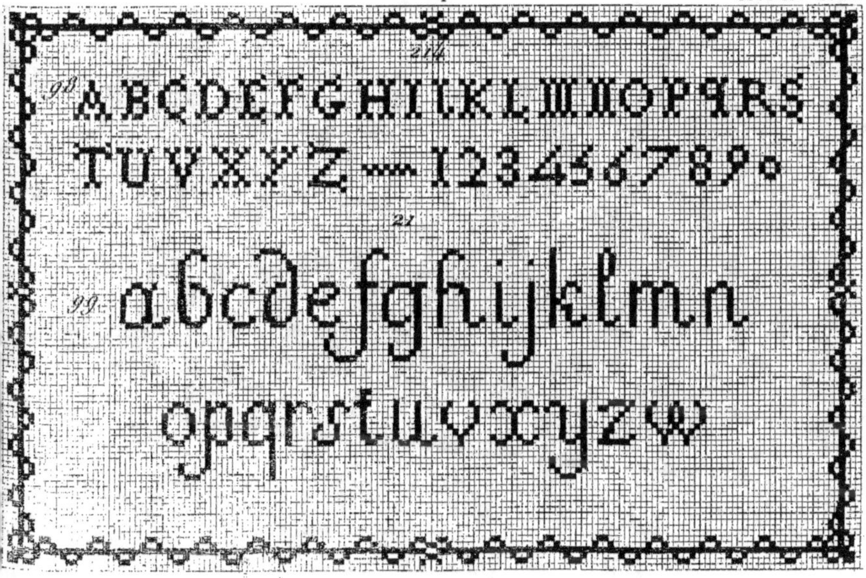

ABCDEFGHIKLMNOPQRS
TUVXYZ — 1234567890

abcdefghijklmn
opqrstuvxyzw

Alphabets Anglais - Gothique

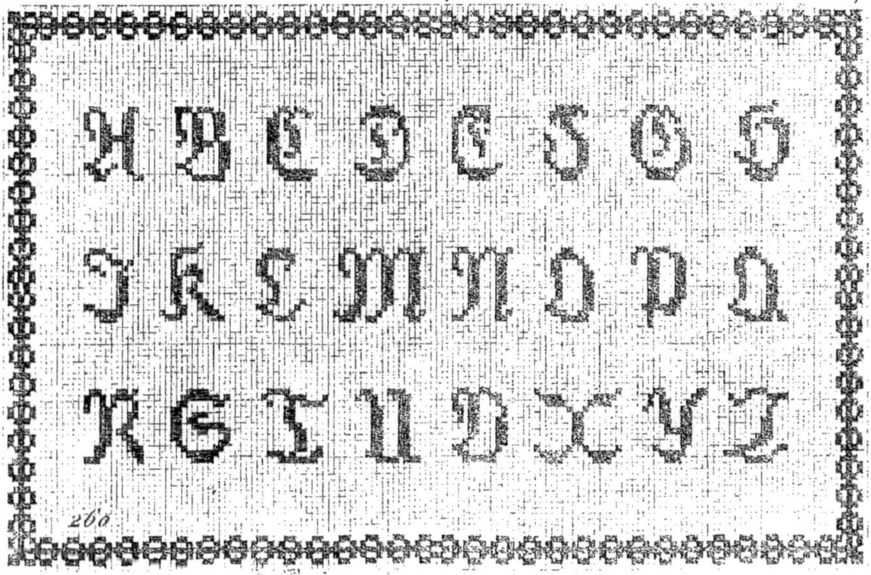

266

Alphabet grand Gothique.

Petits Caprices

Bordure et Mélanges.

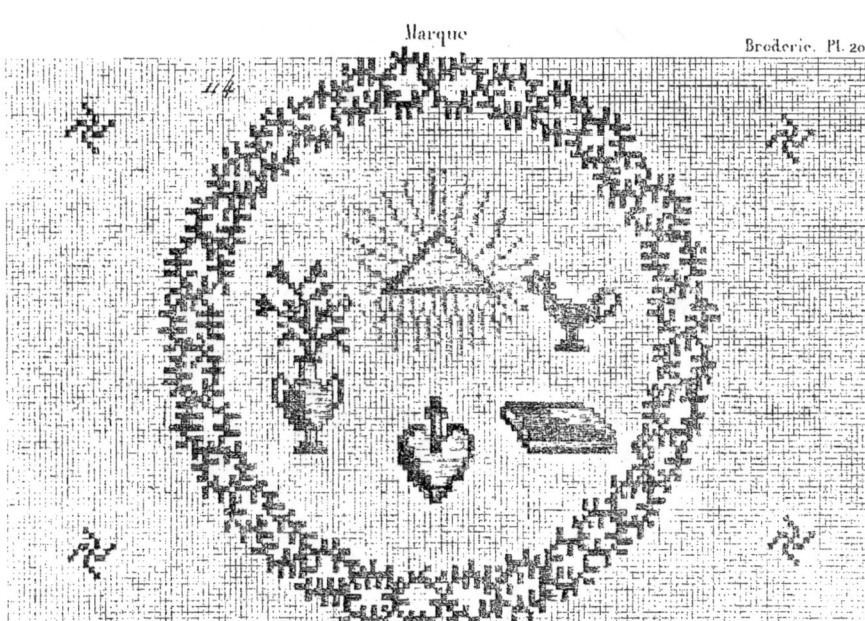

Dessin de dévotion.

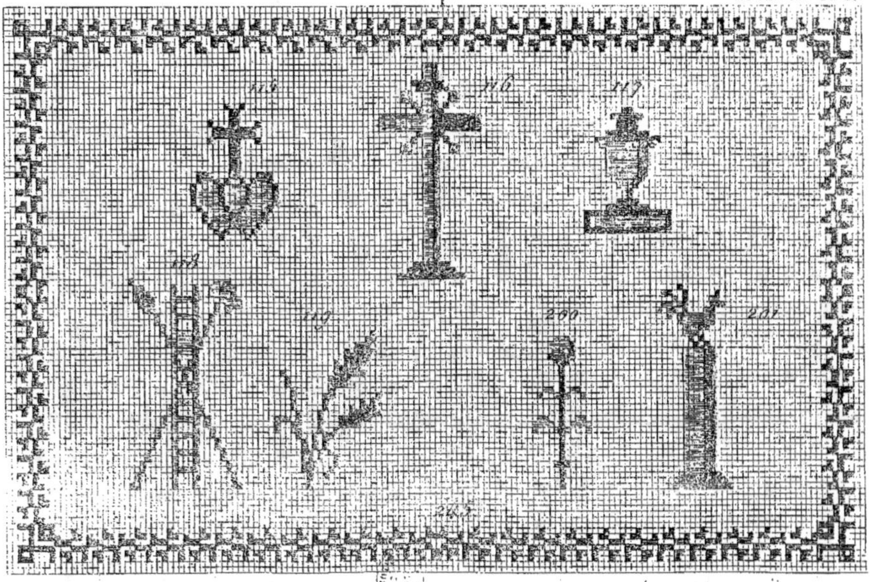

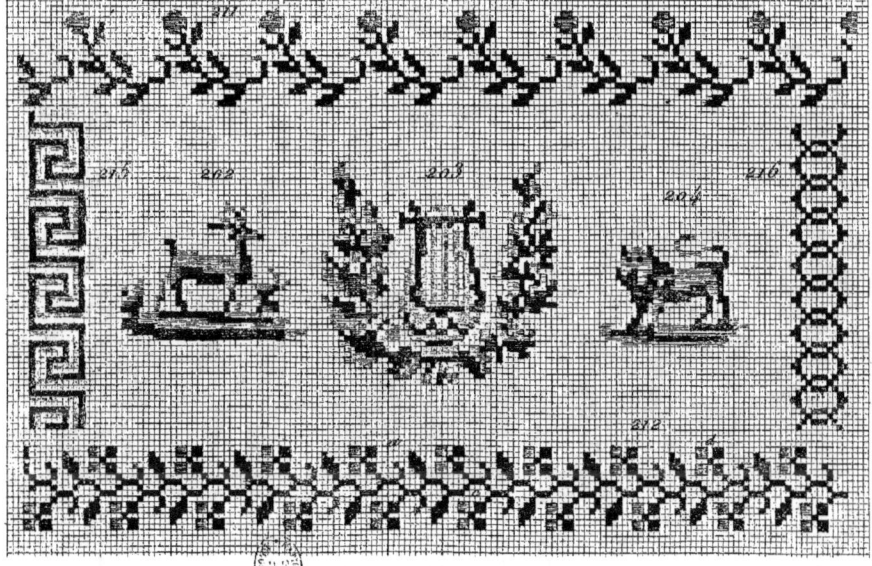

Bordures et Broderies pour Mouchoirs.

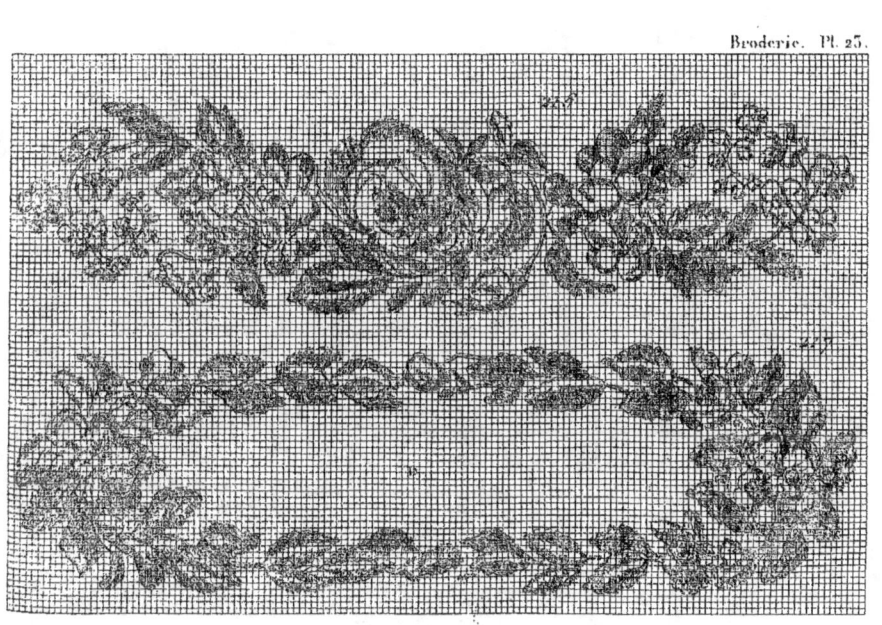

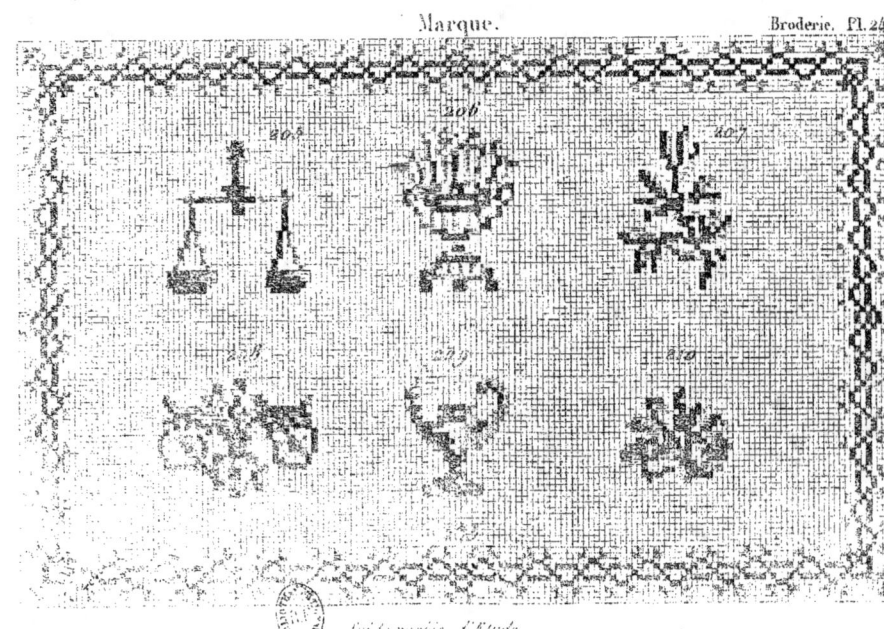

Dépôt marchte d'Etude.

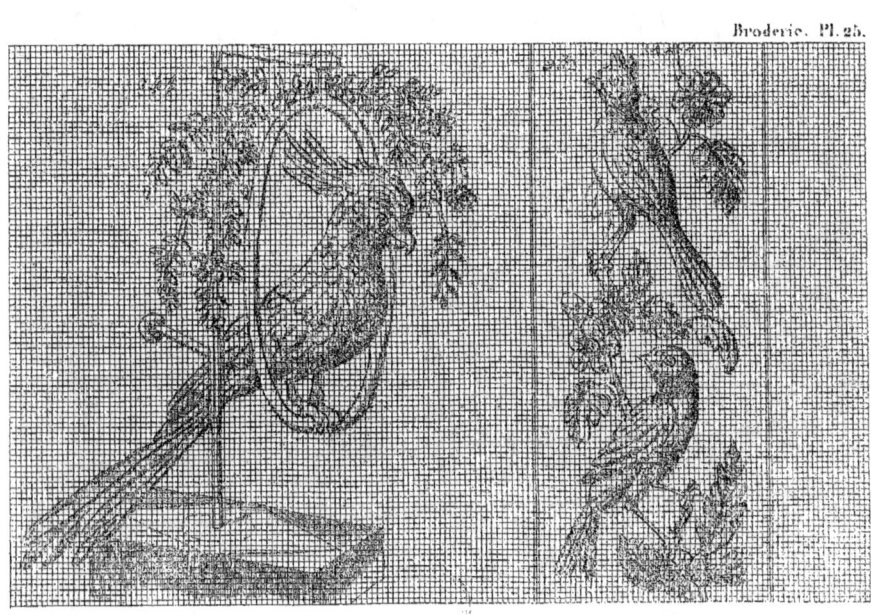

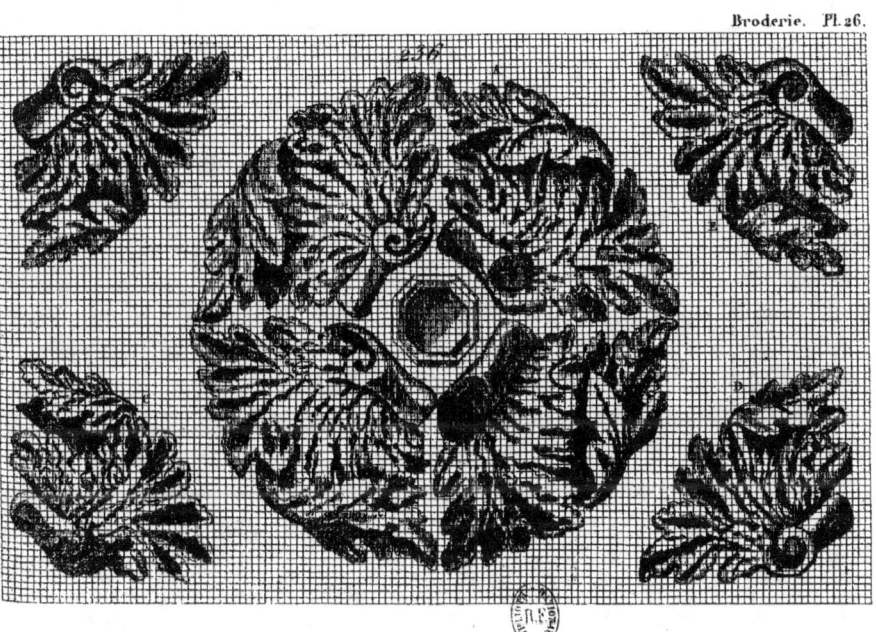

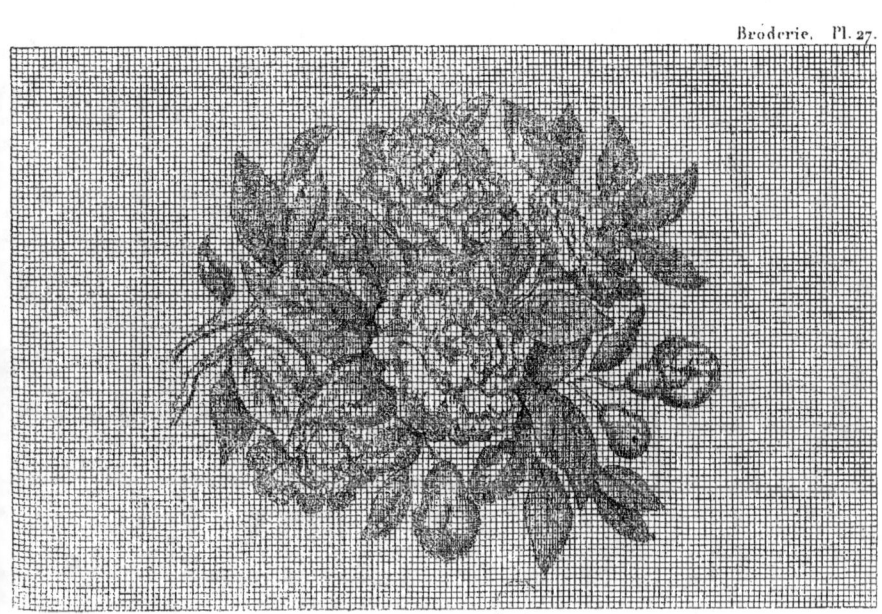

237

C   D

239

240

Petit tableau en perles.

Petit tableau en perles

241

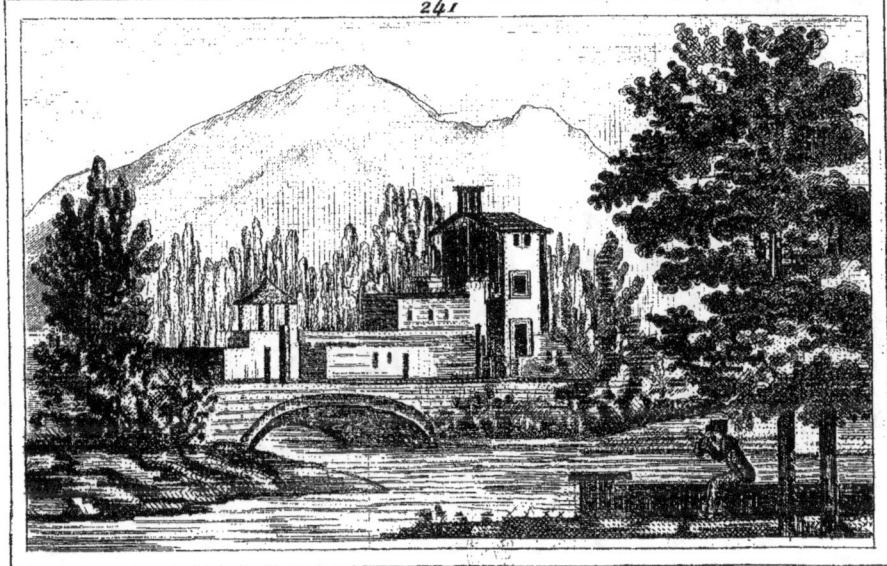

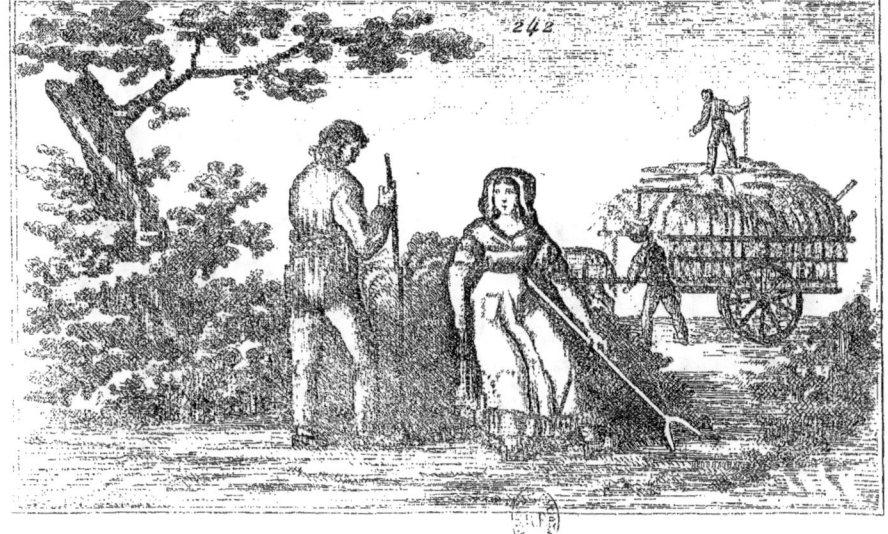

242

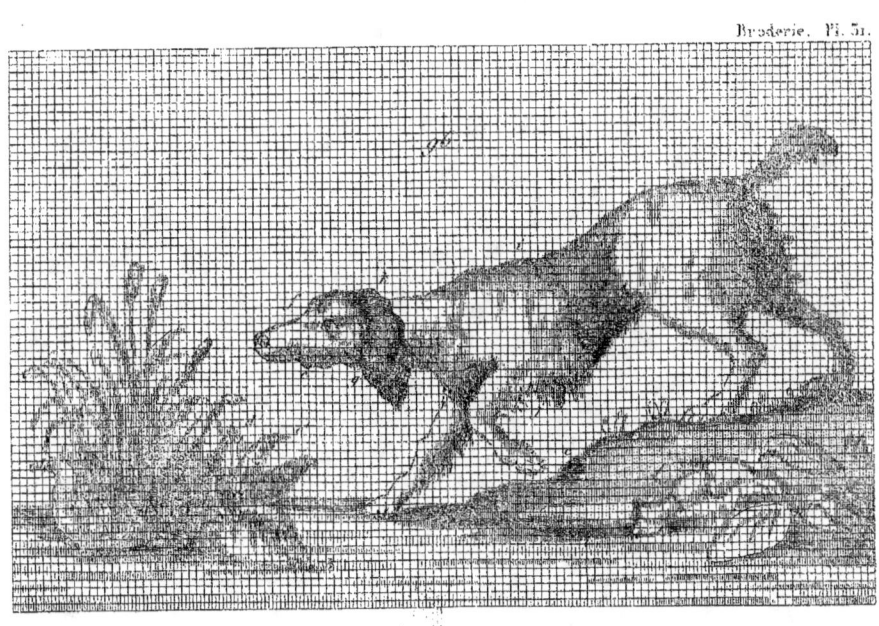

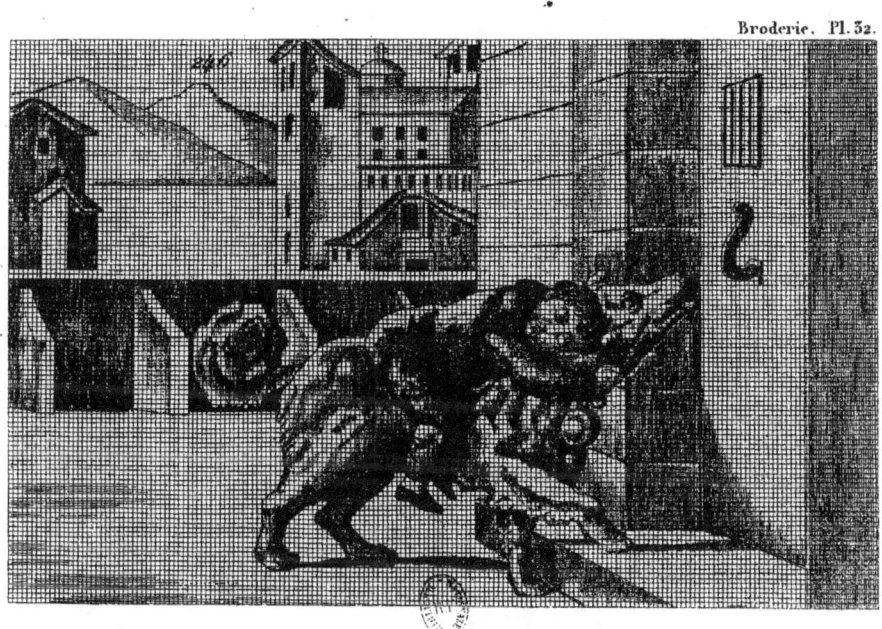

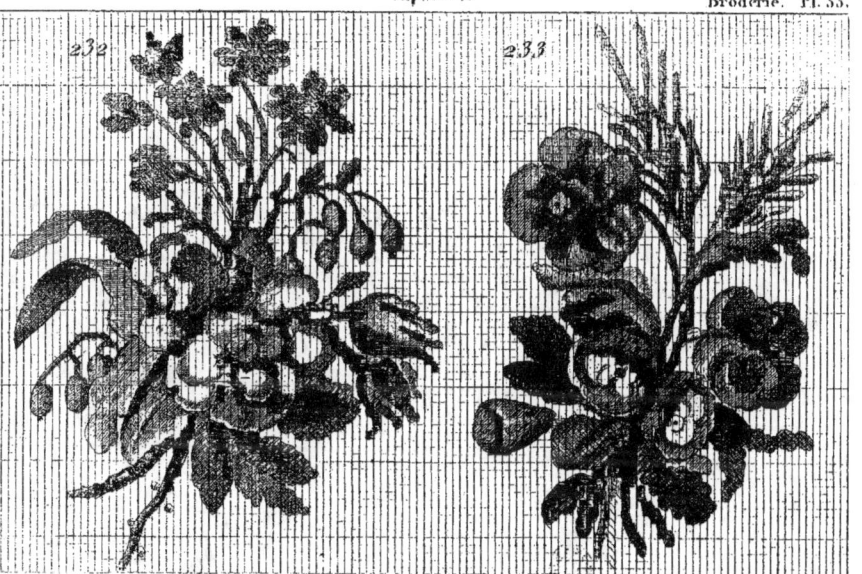

Bouquets pour fond de Meuble.

Tapis de Lit.

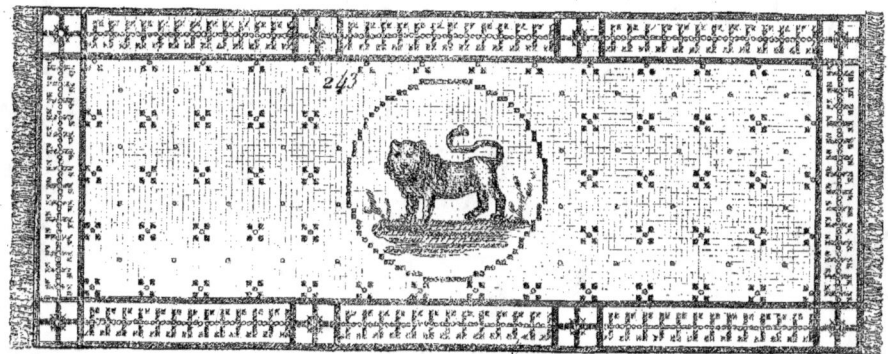

219   Tapis de Lampes.   247

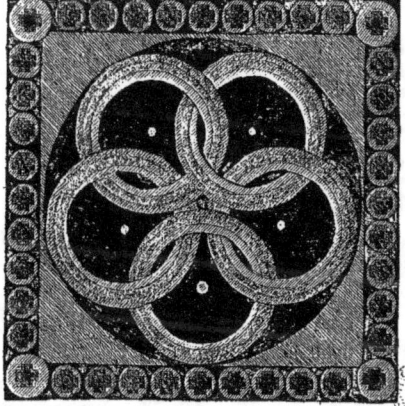 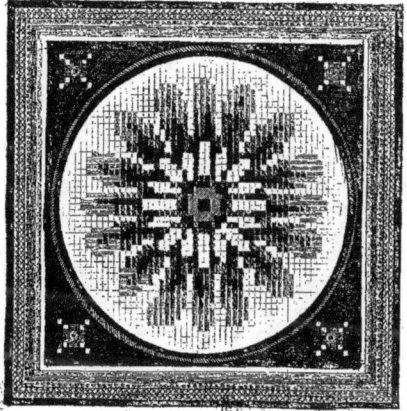

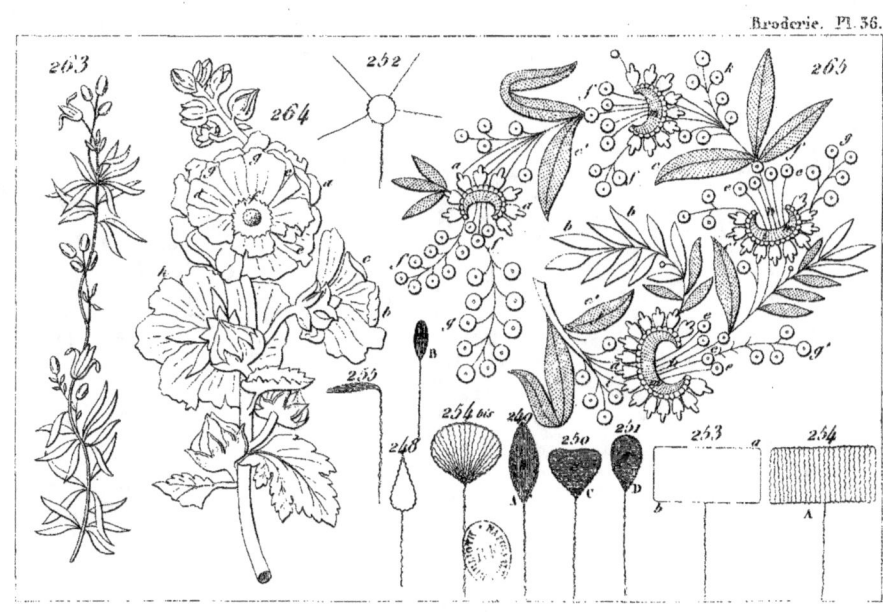

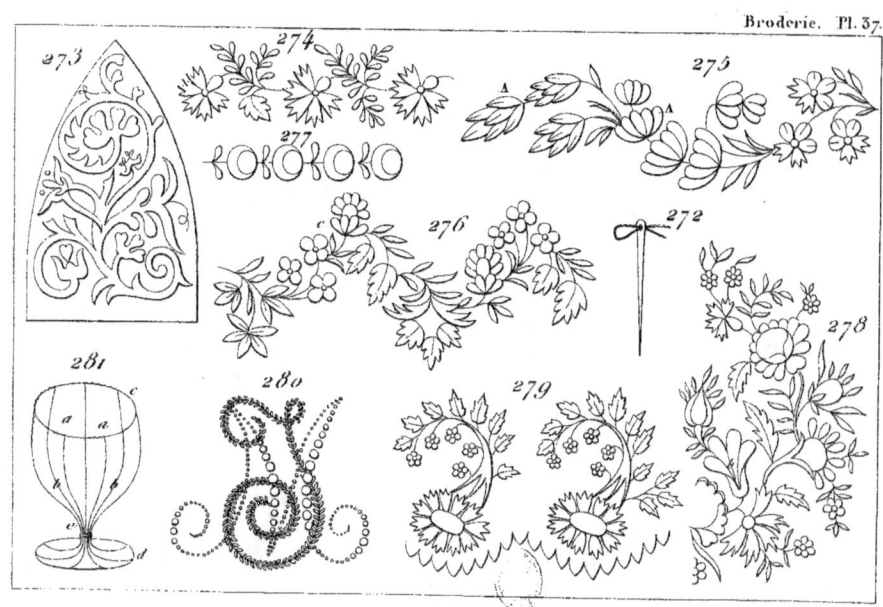

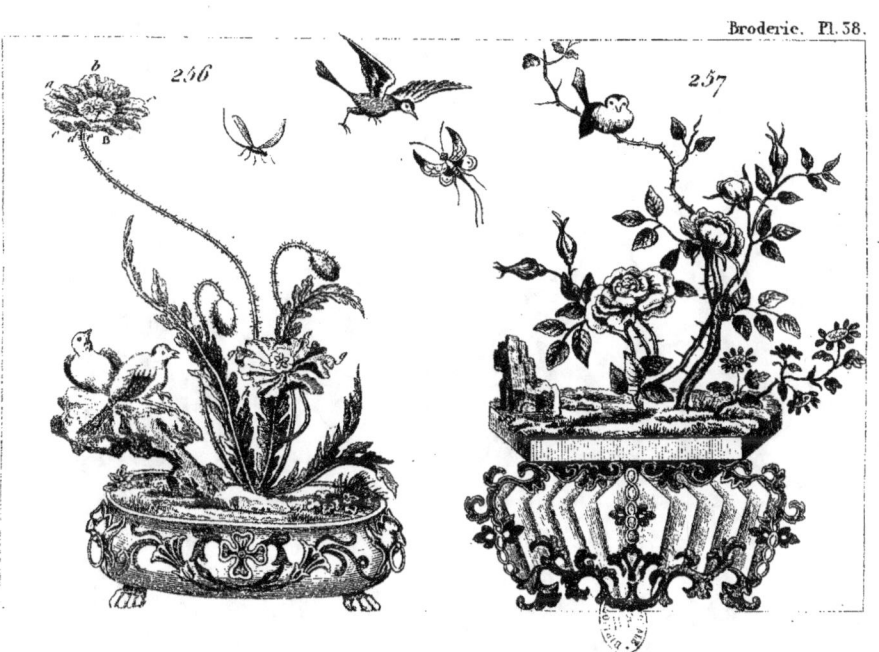

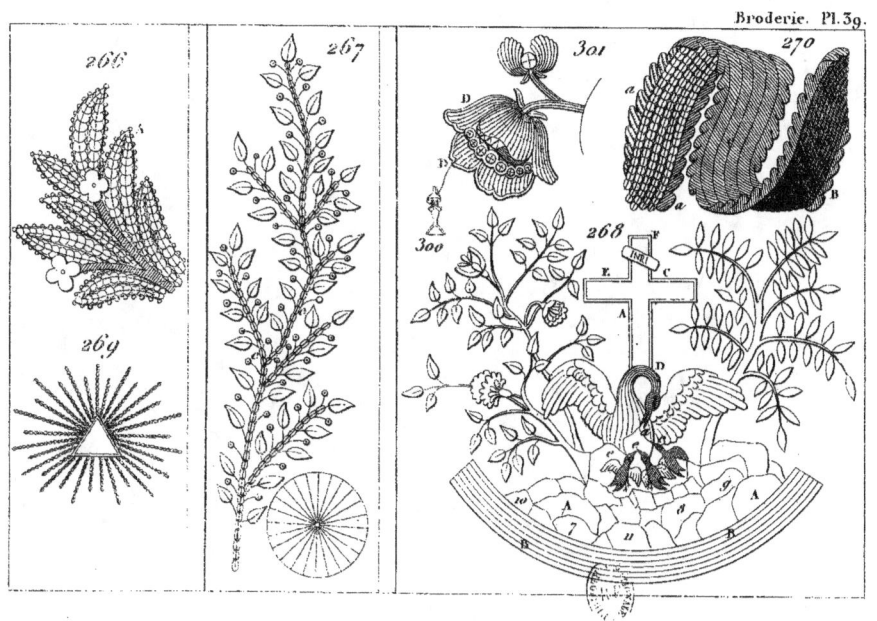

266   267   301   270   300   268   269

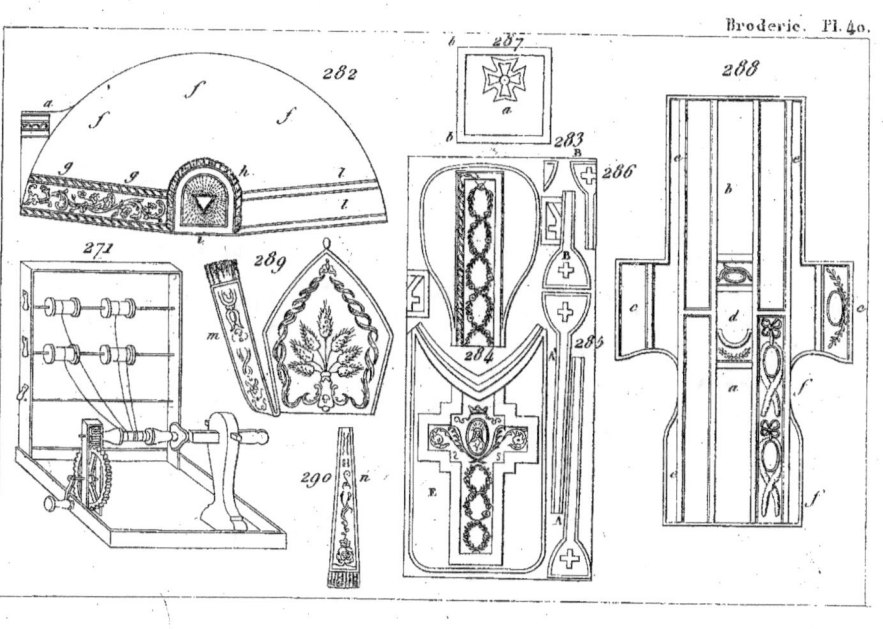